„DOMINIERENDES JAVASCRIPT: DIE KRAFT DER WEB-VERBESSERUNG NT ENTDECKEN"

Inhalt

Einführung:

Verstehen Sie kurz, was JavaScript ist und welche Bedeutung es für die Webverbesserung hat. Beachten Sie die ideale Interessengruppe, bei der es sich um junge Leute mit praktisch keiner Programmiererfahrung handelt.

JavaScript ist ein wesentlicher Bestandteil der heutigen Webverbesserung und spielt eine wichtige Rolle bei der Verbesserung der Intelligenz und Nützlichkeit von Websites. Als Essayist und Autor, der sich besonders um Einsteiger mit eingeschränkter Programmiererfahrung kümmert, ist es von grundlegender Bedeutung, eine vernünftige und kompakte Erläuterung von JavaScript zu geben.

JavaScript ist eine flexible Programmiersprache, mit der dynamische und intuitive Komponenten auf Websites erstellt werden. Ganz anders als HTML und CSS, die im Wesentlichen für die Organisation und Gestaltung von Webinhalten verantwortlich sind, hat JavaScript den Seiten mehr Verhalten verliehen. Es ermöglicht Ihnen, Highlights wie Bildschieberegler, Strukturgenehmigungen und intuitive Leitfäden zu erstellen und so Websites äußerst fesselnd und leicht verständlich zu gestalten.

Für Anfänger auf dem Gebiet der Webentwicklung ist JavaScript aufgrund seiner leicht verständlichen Zeichensetzung und der Fülle an Online-Ressourcen ein außergewöhnliches Einstiegsstadium. Seine Bedeutung könnte kaum bedeutender sein, da es Designern ermöglicht, statische Website-Seiten zu verjüngen und so ein lebendigeres und verbindenderes Kundenerlebnis zu schaffen.

In diesem Leitfaden, der sich auf junge Leute konzentriert, tauchen wir tiefer in JavaScript ein und untersuchen seine wesentlichen Ideen, seine sprachliche Struktur und seine nützlichen Anwendungen. Mit der Zeit werden Sie eine solide Grundlage haben, um mit der Integration von JavaScript in Ihre Web-Verbesserungsprojekte zu beginnen und Ihre Websites leistungsfähiger und für Ihr Publikum interessanter zu machen.

Mit JavaScript alles in Bewegung bringen

Was ist JavaScript?

Einrichten einer Verbesserungsumgebung (Code-Editor und Programm).
Ihr wichtigstes JavaScript-Programm: „Hello, World!"

JavaScript ist eine anpassungsfähige und umfassend ausgefeilte Programmiersprache, die eine entscheidende Rolle bei der Webverbesserung spielt. Als Autor und Verleger finden Sie es besonders wichtig für die Arbeit an Ihrer Webseite und Ihrem Online-Inhalt. Wir sollten uns mit den Nuancen befassen, wie man mit JavaScript alles zum Laufen bringt.

Was ist JavaScript?
JavaScript ist eine offensichtliche, übersetzte Programmiersprache, die vor allem dafür bekannt ist, Lokalen mehr Instinkt zu verleihen. Die Erstellung dynamischer und reaktionsfähiger Webanwendungen wird häufig verwendet. JavaScript hat eine gewisse Kontrolle über den Inhalt einer Seite, kümmert sich um die gemeinsamen Bemühungen des Clients und kommuniziert sogar mit Servern im Hintergrund. Seine Anpassungsfähigkeit macht es zu einem grundlegenden Instrument für die heutige Web-Verbesserung.

Einrichten einer Verbesserungsumgebung

Bevor Sie mit der Erstellung von JavaScript-Code beginnen können, benötigen Sie eine sinnvolle Entwicklungsumgebung. Du brauchst das:

Code-Manager: Sie können eine Gruppe von Code-Editoren untersuchen, zum Beispiel Visual Studio Code, Splendid Text oder Particle. Diese Editoren bieten die Hervorhebung der Satzstruktur, die Code-Kulmination und Untersuchungsfunktionen, um Ihr Codierungserlebnis angenehmer zu gestalten.

Browser: Da JavaScript in Webprogrammen ausgeführt wird, ist es wichtig, dass ein Browser vorhanden ist. Zu den bemerkenswerten Optionen gehören Google Chrome, Mozilla Firefox und Microsoft Edge. Urheber verwenden häufig Instrumente von Programmierern, um ihren JavaScript-Code zu testen und zu untersuchen.

Ihr bemerkenswertestes JavaScript-Programm: „Hallo , Welt!"
Wir sollten ein wesentliches „Howdy, World!" machen. Programm in JavaScript starten. Dieses lobenswerte Modell ist der grundlegende Schritt für jeden Programmierer:

Javascript
Code kopieren
// Erstellen Sie eine Kapazität, um eine Nachricht anzuzeigen
Kapazität sayHello () {

```
 alarm( "Hallo, Welt!");
}
```

// Rufen Sie die Kapazität auf
sayHallo ( );
In diesem Code stellen wir eine Fähigkeit dar, die auf „ Hallo sagen" anspielt und bei der Nachricht „Hallo, Welt!" Vorsicht walten lässt. wenn angerufen. Die Funktion sayHello ( ) wird gegen Ende aufgerufen, was dazu führt, dass Sie in Ihrem Webprogramm nach oben springen, wenn Sie den Code ausführen.

Während Sie Ihre Reise mit JavaScript fortsetzen, werden Sie Faktoren, Kreise, unerschwingliche Ankündigungen und verwirrendere Anwendungen recherchieren. Die Kapazitäten von JavaScript sind enorm und man kann damit alles erstellen, von natürlichen Designs bis hin zu dynamischen Webspielen.

Denken Sie daran, dass Sie als Autor und Vertreiber JavaScript verwenden können, um Ihre Gebietsschemas wirklich spannend und unkompliziert zu gestalten. Sie können instinktive Substanz schaffen, Kundenanalysen sammeln und das gesamte Kundenerlebnis weiterentwickeln. Eine große Meisterschaft kann Ihre Online-Verbreitungen isolieren.

Faktoren und ihre Nutzung

In JavaScript ähneln Faktoren Kompartimenten, die verschiedene Arten von Informationen enthalten. Sie sind ein Schlüsselgedanke in der Programmierung und von grundlegender Bedeutung für die

Speicherung und Kontrolle von Daten. Betrachten Sie sie als gekennzeichnete Kisten, in denen Sie Dinge aufbewahren können.

Um eine Variable in JavaScript zu proklamieren, verwenden Sie das Schlagwort var , let oder const , gefolgt vom Variablennamen. Hier ist ein Modell:

Javascript
Doppelter Code

```javascript
var age = 30;// Sprechen Sie eine Variable „Alter" aus und geben Sie ihr den Wert 30
```

Sie können den Wert einer Variablen jederzeit ändern:

Javascript
Doppelter Code

```javascript
age = 31;// Aktualisieren Sie die Variable „age" auf 31
```

Informationstypen in JavaScript

JavaScript unterstützt einige Informationstypen:

Zahlen: Wird für numerische Eigenschaften, die beiden Zahlen und Dezimalzahlen, verwendet.

Javascript
Doppelter Code
var cost = 19.99;// Eine Variable „Kosten" mit einem numerischen Wert
Zeichenfolgen: Wird für gedruckte Informationen verwendet, eingeschlossen in einzelne oder zweifache Anweisungen.

Javascript
Doppelter Code
var name = "Alice";// Eine Variable 'name' mit einer Zeichenfolge wertschätzung

Boolesche Werte: Wird für gültige oder falsche Eigenschaften verwendet.

Javascript
Doppelter Code
var isStudent = valid;// Eine Variable „ isStudent " mit einem booleschen Wert
Exponate: Werden zum Speichern von Werteanordnungen verwendet.

Javascript
Doppelter Code
var organische Produkte = ["Apfel", "Banane", "Kirsche"];// Eine Vielzahl von Zeichenfolgen
Objekte: Werden zum Speichern von Key-Esteem-Übereinstimmungen verwendet und bieten eine organisierte Methode zum Koordinieren von Informationen.

Javascript
Doppelter Code

```
var individual = {
    Name : „Sway",
    Alter : 25
};
```

Variablenbenennungsshows

Es ist wichtig, die Benennungsprogramme für Faktoren zu befolgen, um einwandfreien und legitimen Code zu erstellen. Hier sind einige normale Vorgehensweisen:

Variablennamen sollten ansprechend sein und den Grund für die Variable zeigen.
Verwenden Sie „camelCase" für Variablennamen (z. B. „myVariableName "), um die

Verständlichkeit weiter zu verbessern.

Beginnen Sie Variablennamen mit einem Buchstaben (AZ oder az) oder einer Hervorhebung (_).

Versuchen Sie, keine festgehaltenen Wörter oder Schlagworte (z. B. var , Capability) als Faktornamen zu verwenden.

Hier ist ein Modell mit legitimer Namensgebung:

Javascript
Doppelter Code
var firstName = "John";// Illustrativer Variablenname unter Verwendung von camelCase
Das Verständnis von Faktoren und Informationstypen ist in JavaScript von entscheidender Bedeutung , da es den Grund für die Arbeit mit Informationen und die Erstellung dynamischer Anwendungen bildet.

Diese Ideen ermöglichen es Ihnen, Daten in Ihren Projekten zu speichern, zu steuern und zu verarbeiten.

Zahlenjonglage Administratoren: In JavaScript sind Zahlenverarbeitungsadministratoren die zentralen Geräte zur Durchführung numerischer Aktivitäten. Zu den grundlegenden gehören Erweiterung (+), Deduktion (-) , Augmentation (*) und Division (/). Beispielsweise können Sie den +-Administrator verwenden, um zwei Zahlen hinzuzufügen, den --Administrator zum Abziehen, * zum Erhöhen und/oder zum Partitionieren. Hier ist ein Modell:

Javascript
Doppelter Code
sei a = 5;

```
sei b = 3;
sei total = a + b; // Dadurch entsteht ein „Aggregat", das 8 enthält.
```

Prüfungsadministratoren:

Zur Betrachtung von Werten werden Korrelationsadministratoren eingesetzt. In JavaScript enthalten normale Einsen prominentere als (>), nicht exakte (<) und dreifache Äquivalente (===) für strenge Einheitlichkeit. Der >-Administrator prüft, ob der Wert auf der linken Seite größer ist als der auf der rechten Seite, < prüft, ob er geringer ist, und === prüft, ob sie völlig gleich sind. Zum Beispiel:

```
Javascript
Doppelter Code
sei x = 10;
sei y = 5;
```

lassen isGreater = x > y; // Dies ist gültig, da 10 wichtiger ist als 5.

Legitime Administratoren:

Konsistente Administratoren in JavaScript werden verwendet, um Wörter zu konsolidieren oder zu diskreditieren. Es gibt legitimes UND (&&), sinnvolles ODER (||) und kohärentes NICHT (!). Sie werden oft in restriktiven Proklamationen verwendet. Hier ist ein Modell:

Javascript
Doppelter Code
lassen hasMoney = gültig;
lassen isSunny = irreführend;
lassen goOutside = hasMoney && isSunny ; // Dies prüft, ob die beiden Umstände gültig sind, bevor es nach draußen geht.

Artikulationen in JavaScript einbeziehen:

JavaScript-Formulierungen sind Mischungen aus Werten, Faktoren und Administratoren, die auf einen einzigen Wert geschätzt werden können. Dies sind die Strukturblöcke für eine umwerfendere Begründung in Ihrem Code. Zum Beispiel:

Javascript
Doppelter Code
sei span = 5;
sei Region = Mathe. PI * (Span * Bereich); // Dies berechnet den Bereich eines Kreises mit einem bestimmten Bereich.
Zusammenfassend lässt sich sagen, dass das Verstehen und tatsächliche Nutzen dieser Administratoren und Artikulationen für die Programmierung in JavaScript von

entscheidender Bedeutung ist. Sie ermöglichen es Ihnen, Berechnungen durchzuführen, Entscheidungen zu treffen und den Fortschritt Ihres Codes zu steuern. Eventuelle Klarstellungen: Verbotserklärungen sind ein wesentlicher Teil der Programmierung in JavaScript. Sie ermöglichen Ihnen die Ausführung verschiedener Codeblöcke unter Berücksichtigung festgelegter Bedingungen. Die wichtigsten Arten sind:

if : Diese Deklaration prüft wirklich eine Bedingung und führt, wenn sie legitim ist, den Code innerhalb des Blocks aus. Zum Beispiel:

Javascript
Code kopieren
if (Bedingung) {

```
// Code, der ausgeführt werden
soll, wenn die Bedingung erheblich
ist.
}
```

else if und else: Diese werden verwendet, um Wahlcodeblöcke bereitzustellen, wenn die Grundbedingung (oder frühere Bedingungen) falsch ist.

Javascript
Code kopieren

```
if (condition1) {
// Code, der ausgeführt werden
soll, wenn Bedingung1 erheblich ist.
} else if (condition2) {
// Code, der ausgeführt werden
soll, wenn Bedingung2 legitim ist.
} anders {
// Code, der ausgeführt werden
soll, wenn keine Bedingungen
erfüllt sind.
}
```

Erläuterungen zum Schalter:
Switch-Ansagen sind eine weitere Strategie für den Umgang mit verschiedenen Bedingungen. Sie sind besonders nützlich, wenn Sie einen einzigen Wert haben, den Sie in verschiedenen Fällen prüfen können. Hier ist ein Modell:

Javascript
Code kopieren
```
wechseln (betrachten) {
 Fall 1:
// Code für Fall 1
  Pause ;
 Fall 2:
// Code für Fall 2
  Pause ;
 Standard :
// Code, der ausgeführt wird, wenn keiner der Fälle übereinstimmt
}
```
Kreise :

Kreise sind für düstere Unternehmungen in der Programmierung von großer Bedeutung. JavaScript bietet zwei wesentliche Arten:

für Kreise: Diese werden verwendet, wenn Sie wissen, wie oft Sie einen Codeblock wiederholen möchten.

Javascript
Code kopieren

```javascript
for (sei I = 0; i < 5; i++) {
// Code zur mehrfachen Wiederholung
}
```

while- Kreise: Diese sind nützlich, wenn Sie einen Codeblock durchgehen möchten, bis eine Bedingung zulässig ist.

Javascript

```
Code kopieren
while (Bedingung) {
// Code zum Wiederholen, egal wie
lange die Bedingung wesentlich ist
}
```

Arbeiten mit Bündeln und Kreisen:

Gruppen sind Anordnungen von Daten in JavaScript. Sie können Kreise verwenden, um die Teile eines Bündels zu betonen. Um beispielsweise durch eine Anzeige zu kreisen und für jeden Teil eine Bewegung auszuführen:

Javascript
Code kopieren

myArray [i] auf jeden Teil zugreifen
// Code zur Behandlung jedes Teils
}
Andererseits können Sie einen for...of-Kreis verwenden, um eine sauberere und klarere Technik zum Aufwärmen durch Bündel zu erhalten:

Javascript

```
Code kopieren
for ( const Teil von myArray ) {
  // Code zum Verwalten jedes Teils
}
```

Ich vertraue darauf, dass diese Informationen Ihnen bei Ihrer Struktur- und Verbreitungsarbeit helfen. Wenn Sie wirklich weitere Nuancen zu einem dieser Themen benötigen oder ausdrückliche Wünsche haben, können Sie gerne nachfragen.

Charakterisierung von Fähigkeiten und ihrer Bedeutung:

In JavaScript ist eine Funktion ein Codeblock, der benannt und wiederverwendet werden kann. Sie übernehmen eine wesentliche Rolle bei der Zusammenstellung und Modularisierung Ihres Codes. Mithilfe von Funktionen können Sie einen bestimmten Nutzen verkörpern und so Ihren Code klarer und praktikabler gestalten. Sie charakterisieren eine Fähigkeit mithilfe des Fähigkeitsschlagworts, gefolgt von einem Namen und einer Reihe von Anlagen. Zum Beispiel:

```
Javascript
Doppelter Code
Fähigkeit Greet(Name) {
  return „Hallo, „ + Name + „!“;
```

}

Grenzen und Widersprüche bei den Fähigkeiten:

Grenzen sind wie Platzhalter für Werte, die Sie an eine Fähigkeit übergeben müssen. Im obigen Modell ist der Name eine Grenze. Wenn Sie die Fähigkeit nennen, geben Sie echte Eigenschaften an, die als Behauptungen bezeichnet werden. Zum Beispiel:

Javascript
Doppelter Code
let message = Greet("Alice");
In dieser Situation ist „Alice" der Anwärter auf die Namensgrenze. Auf diese Weise übergeben Sie Informationen an eine Funktion, damit sie damit arbeiten kann.

Bringen Sie Proklamationen zurück:

Die Rückgabeerklärung wird verwendet, um anzugeben, was eine Funktion später zurückgeben soll. Dies ist eine Ermessensentscheidung, aber dennoch wichtig, wenn Sie der Meinung sind, dass Ihre Fähigkeiten zu einem Ergebnis führen sollten. Zum Beispiel:

```javascript
Javascript
Doppelter Code
Fähigkeit add(a, b) {
  gib a + b zurück;
}
let result = add(5, 3); // Ergebnis ist derzeit 8
```

Erweiterung und variable Wahrnehmbarkeit in JavaScript:

Der Umfang kennzeichnet, wo Faktoren verfügbar sind. JavaScript hat zwei Hauptbereiche: weltweit und lokal. Faktoren, die über alle Möglichkeiten hinausgehen, sind weltweit verfügbar und können von überall in Ihrem Code abgerufen werden. Innerhalb einer Funktion festgelegte Faktoren sind lokal und müssen innerhalb dieser Funktion genutzt werden.

Javascript
Doppelter Code
lassen globalVar = „Ich bin weltweit";

Fähigkeit exampleFunction () {
 lassen localVar = „Ich bin in der Nähe";
 console.log(globalVar);// Das funktioniert

```
    console.log( localVar ); // Das
funktioniert auch
}
```

```
console.log( globalVar );// Das
funktioniert
console.log( localVar ); // Dies führt
zu einem Fehler
```

Das Verständnis dieser Ideen ist für die Erstellung effektiven und brauchbaren JavaScript-Codes von entscheidender Bedeutung, was besonders wichtig ist, wenn Sie Skripts für Ihre Vertriebs- oder Erstellungsprojekte erstellen.

Artikel und Cluster in JavaScript:

In JavaScript sind Artikel und Cluster grundlegende Informationsstrukturen, die zum Sortieren und Steuern von Informationen verwendet werden.

Objekte:

Ein Element in JavaScript ist eine Sammlung von Key-Esteem-Übereinstimmungen. Es handelt sich um eine flexible Informationsstruktur, die verschiedene Informationstypen enthalten kann.

Sie können einen Artikel mit wellenförmigen Stützen wie folgt erstellen:

Javascript

Doppelter Code

lass individuell = {

```
  Name : „Johannes",
  Alter : 30,
  Aufruf : „Autor"
};
```

Greifen Sie mithilfe der Spotdokumentation (person.name) oder der Abschnittsdokumentation (person['name']) auf Werte innerhalb eines Artikels zu.

Arrays:

Ein Cluster ist eine geordnete Auflistung von Werten. In JavaScript können Exponate eine Mischung verschiedener Informationstypen enthalten.

Sie können eine Ausstellung mit quadratischen Abschnitten wie diesem erstellen:

Javascript

Doppelter Code

```javascript
let tones = ["red", "green", "blue"];
```

Greifen Sie mithilfe ihrer Datei auf Komponenten in einem Cluster zu, beginnend bei 0 (z. B. ergibt „Farben[0]“ „Rot“).
Gegenstände herstellen und mit ihnen arbeiten:

Um einen Artikel zu erstellen, charakterisieren Sie ihn mit wellenförmigen Stützen und füllen ihn mit Key-Esteem-Matches.
Mithilfe der Spotdokumentation oder der Abschnittsdokumentation können Sie Eigenschaften in einem Artikel hinzufügen, anpassen oder löschen.
Um beispielsweise eine weitere Eigenschaft hinzuzufügen:
Javascript
Doppelter Code
person.city = "New York";
So beseitigen Sie eine Eigenschaft:
Javascript

Doppelter Code
löschen Person.Beruf ;
Erstellen und Arbeiten mit Clustern:

Erstellen Sie ein Exponat, indem Sie es mit quadratischen Abschnitten charakterisieren und mit Werten füllen.
Sie können Komponenten in einer Ausstellung hinzufügen, entfernen oder ändern.
So fügen Sie eine Komponente am Ende eines Clusters hinzu:
Javascript
Doppelter Code
farben.push ("gelb");

Um die letzte Komponente zu entfernen:
Javascript
Doppelter Code

farben.pop ( );

1. Grundlagen der objektorientierten Programmierung (OOP):

2. Das objektorientierte Schreiben von Computerprogrammen ist eine Programmierweltanschauung, die Objekte verwendet, um Informationen und Verhalten zu strukturieren und zu adressieren. Zu den wichtigsten OOP-Ideen gehören:

3. Klassen und Artikel: Klassen charakterisieren Pläne für endlose Proteste sind Anlässe von Klassen.

4. Vererbung: Unterklassen können Eigenschaften und Strategien von einer

übergeordneten Klasse erwerben.

5. Kapselung: Informationen und Strategien in Objekte verpacken und die inneren Feinheiten vor einer externen Perspektive verbergen.

6. Polymorphismus: Objekte verschiedener Klassen können als Objekte einer typischen Oberklasse behandelt werden.

7. In JavaScript können Sie OOP mithilfe von Modellen oder moderneren ES6-Klassen durchführen.

8. Ich hoffe, dass dies einen ausführlichen Überblick über Elemente, Cluster und OOP in JavaScript für Ihre Kompositions- und Verteilungsanforderungen

bietet. Angenommen, Sie möchten mehr Punkt-für-Punkt-Daten oder haben konkrete Anfragen, fragen Sie einfach nach.

Prolog zum Report Item Model (DOM)

Das Report Item Model, häufig auch als DOM bezeichnet, ist eine wichtige Idee bei der Webverbesserung. Es befasst sich mit dem Aufbau einer Site-Seite als mehrstufiger Artikelbaum, der es uns ermöglicht, auf den Inhalt und das Design einer Site-Seite zuzugreifen und diese zu steuern. Im Grunde fungiert es als Stellvertreter zwischen dem Inhalt einer Website und den Programmierdialekten, die zur Verbindung mit ihr verwendet werden, wie z. B. JavaScript.

Aufgabe des DOM in der Webentwicklung

Das DOM spielt angesichts mehrerer Faktoren eine wichtige Rolle bei der Webverbesserung:

Offenheit von Webinhalten: Es bietet eine organisierte Darstellung des Inhalts der Website und macht sie offen für Inhalte und Programmierdialekte. Diese Offenheit ist die Grundlage für dynamische Webanwendungen.

Dynamische Substanzkontrolle: Mit dem DOM können Sie die Substanz und das Design einer Website-Seite schrittweise ändern, ohne dass eine vollständige Seitenaktualisierung erforderlich ist. Dies ist von grundlegender Bedeutung für die Erstellung intelligenter und reaktionsfähiger Webanwendungen.

Intuitivität der Benutzeroberfläche: Berücksichtigt die Berücksichtigung von Ereignissen und ermöglicht so die Erstellung intelligenter Benutzeroberflächen. Ereignisse wie Schnappschüsse, Mausbewegungen und Konsolendatenquellen können Aktivitäten auslösen und Webanwendungen wirklich interessant machen.

Informationswiederherstellung und -unterbringung: Das DOM ermöglicht die Wiederherstellung von Informationen aus Webstrukturen und deren Unterbringung auf Servern. Dies ist ein zentraler Bestandteil der Zusammenarbeit mit Kunden, beispielsweise die Einreichung von Strukturen oder die Zusammenarbeit mit Datensätzen.

Auswählen und Steuern von HTML-Komponenten mithilfe von JavaScript

- JavaScript ist die wesentliche Sprache für die Zusammenarbeit mit dem DOM. So können Sie HTML-Komponenten mit JavaScript auswählen und steuern:

- Auswählen von Komponenten: Sie können Komponenten mithilfe von Techniken wie getElementById, getElementsByClassName oder Query Selector auswählen, um gezielt auf explizite Komponenten auf der Seite abzuzielen.

- Inhalt anpassen: Wenn eine Komponente ausgewählt wird, können Sie deren Inhalt, Credits und Stil mithilfe von JavaScript ändern. Ändern Sie beispielsweise den Text einer Passage oder erfrischen Sie den Grundton eines Abschnitts.

- Komponenten erstellen: Sie können neue Komponenten erstellen und der Seite hinzufügen. Dies ist hilfreich für die schrittweise Produktion von Inhalten.

Anlasspflege mit JavaScript

- Der Umgang mit Anlässen ist ein grundlegender

Bestandteil der Webentwicklung. Mit JavaScript können Sie Kundenkollaborationen über Veranstaltungspublikumsmit glieder beantworten. Das ist das streng gehütete Geheimnis:

- Hinzufügen von Event-Publikumsmitgliedern: Sie können Event-Publikumsmitglieder an HTML-Komponenten anhängen, um sich auf Ereignisse wie Schnappschüsse, Tastendrücke oder Mausbewegungen einzustellen.

- Funktionen zur Ereignisverwaltung: Wenn ein Ereignis eintritt, wird eine JavaScript-Funktion ausgeführt. Diese Funktion kann verschiedene Aktivitäten ausführen, von einfachen Warnungen bis hin zur komplexen Informationsverarbeitung.

- Verhindern von Standardaktivitäten: Sie können auch das Standardverhalten von Ereignissen verhindern. Beispielsweise können Sie verhindern, dass eine Struktur übermittelt wird, wenn auf eine Schaltfläche geklickt wird.

- Alles in allem ist das DOM die Grundlage für die Webentwicklung und bietet eine organisierte Methode für die Zusammenarbeit mit und die Kontrolle von Webinhalten. Aus diesem Grund ist JavaScript die wichtigste Sprache, die Ihnen die Erstellung dynamischer und intelligenter Webanwendungen durch Komponentenbestimmung, -steuerung und -verarbeitung ermöglicht. Diese Kombination aus Innovationen ermöglicht es Designern, die Verbindung zu und benutzerfreundliche Web-Erlebnisse zu gestalten.

Nachforschen und Fehler beheben

Im Bereich der Codierung sind Fehlerbehebung und Fehlerbewältigung grundlegende Fähigkeiten für jeden Softwareentwickler oder -designer. Diese Praktiken helfen dabei, Probleme zu erkennen und zu bestimmen und stellen außerdem sicher, dass sich das von Ihnen hergestellte Produkt wie erwartet entwickelt.

Normale Codierungsfehler:

- Interpunktionsfehler: Dies sind die grundlegendsten Fehltritte, bei denen Sie sich möglicherweise kein Semikolon merken oder einen Variablennamen falsch buchstabieren. Grammatikfehler sind normalerweise leicht zu erkennen und zu beheben.

- Kohärente Fehler: Diese sind schwieriger zu unterscheiden, da sie nicht unbedingt auf Fehler zurückzuführen sind. Kohärente Fehler treten auf, wenn Ihr Code aufgrund unvollständiger Berechnungen oder falscher Informationen nicht das normale Ergebnis liefert.

- Variables Lesen: Der Missbrauch variabler Grade kann zu überraschendem Verhalten führen. Weltweit ausgeprägte Faktoren können im Widerspruch zu

Nachbarschaftsfaktoren stehen und Probleme verursachen.

- Cluster- und Dateifehler: Der Zugriff auf eine nicht vorhandene Komponente einer Anzeige oder die Verwendung einer falschen Datei kann zu Laufzeitfehlern führen.

- Verwendung von Programmiergeräten zur Fehlerbehebung:
- Heutige Webverbesserungen umfassen häufig die Fehlerbehebung von JavaScript-Code im Programm. Programmentwicklergeräte wie die in Chrome oder

Firefox sind in diesem Zyklus gute Orientierungshilfen. Sie können Haltepunkte festlegen, Faktoren überprüfen und Ihren Code schrittweise durchgehen, um Probleme zu erkennen und zu beheben. Diese Geräte zeigen auch Fehlermeldungen und Kontrollzentrumsprotokolle an, um Ihnen zu helfen, zu verstehen, was schief gelaufen ist.

Versuchen Sie ... Fehlersuche in JavaScript:

JavaScript bietet die try...catch-Erklärung zur Beseitigung schwerer Fehler. Das ist das streng gehütete Geheimnis:

Javascript
Doppelter Code
Versuch {
// Code, der einen Fehler verursachen könnte
} get (Fehler) {
// Code zur Behebung des Fehlers
}

Sie platzieren den Code, der einen Fehler verursachen könnte, im Versuchsblock. Wenn ein Fehler passiert, wird er erkannt und die Ausführung springt zum Catch-Block, wo Sie den Fehler schnell beheben können. Dies ist besonders hilfreich für die Verwaltung von Netzwerkanforderungen, die Aufzeichnung von E/A oder andere Aktivitäten, die ins Stocken geraten könnten.

Zusammenfassend lässt sich sagen, dass es für jeden Programmierer wichtig ist, Fehler zu beheben und mit Fehlern umzugehen. Das Verstehen normaler Codierungsfehler, die Verwendung von Programmiertools und die Verwendung von Builds wie try...catch in JavaScript wird Ihnen dabei helfen, zuverlässiger und fehlerfreier zu programmieren. Alles dreht sich wirklich darum, diese Fehler effektiv zu finden und zu beheben, um exzellenten Code zu vermitteln.

Äußere Inhalte stapeln:

Das Stapeln externer Skripte ist ein wesentlicher Bestandteil der Webverbesserung. Dazu gehört die Einbindung externer JavaScript-Datensätze in Ihre Seite. Dies sollte im HTML-Bericht mithilfe des <script>-Tags mit einer sicheren Qualität möglich sein, die sich auf die URL des äußeren Inhalts konzentriert. Diese Inhalte können auf CDNs (CDNs) oder Ihrem eigenen Server bereitgestellt werden. Sie ermöglichen es Ihnen, den Nutzen Ihrer Website-Seite durch die Konsolidierung vorgefertigter Bibliotheken oder benutzerdefinierten Codes zu erweitern.

AJAX-Anfragen stellen:

AJAX (Offbeat JavaScript and XML) ist ein Verfahren, mit dem von einer Site-Seite aus keine gleichzeitigen Anfragen an einen Server gestellt werden . Dies ist für die Erstellung dynamischer und intelligenter Webanwendungen von entscheidender Bedeutung. Journalisten könnten dies als hilfreich erachten, da es sich um die Innovation hinter aktuellen Webanwendungen handelt und ein wichtiges Thema für Ihre Lektüre sein kann. AJAX-Anforderungen werden normalerweise mithilfe von JavaScript erstellt, sodass Informationen wiederhergestellt oder von einem Server gesendet werden können, ohne dass eine vollständige Seitenaktualisierung erforderlich ist.

Umgang mit Reaktionen von APIs:

APIs (Application Programming Connection Points) sind Gruppen von Entscheidungen und Konventionen, die es verschiedenen Programmieranwendungen ermöglichen, miteinander zu kommunizieren . Für einen Essayisten und Verleger ist dies ein wichtiges Thema, da APIs in sehr vielen Unternehmen eingesetzt werden. Während Anforderungen an die Programmierschnittstelle gestellt werden, kann die Reaktion der Programmierschnittstelle in verschiedenen Konfigurationen erfolgen, z. B. JSON oder XML. Journalisten müssen möglicherweise verstehen, wie sie die von APIs in ihren Artikeln erhaltenen Informationen analysieren und nutzen können.

Es ist wichtig zu betonen, dass diese Themen miteinander verbunden sind. Das Stapeln äußerer Skripte umfasst häufig das Erstellen von AJAX-Anfragen, um diese Inhalte von einem Server abzurufen. APIs werden normalerweise zum Wiederherstellen von Informationen oder zum Ausführen von Aktivitäten auf weit entfernten Servern verwendet. Dazu gehören häufig AJAX-Aufforderungen zum Senden und Abrufen von Informationen.

1. let und const :

ES6 hat zwei neue Möglichkeiten für Proklamationsfaktoren eingeführt: let und const. Im Gegensatz zum alten var- Prinzip verfügen let und const über einen

Grad auf Blockebene, was das Verschütten von Variablen und versehentliche Änderungen verhindert. const wird zum Verkünden von Konstanten verwendet, deren Werte nicht neu zugewiesen werden können.

2. Schraubenarbeiten:

Bolt-Werke verleihen den Schreibfähigkeiten eine kompakte sprachliche Struktur. Sie sind besonders wertvoll für mysteriöse Fähigkeiten und vermitteln eine sicherere Aussage über diese Begrenzung. Zum Beispiel:

Javascript
Doppelter Code
const Duplikat = (a, b) => a * b;
3. Layout-Literale:

Mit Layout-Literalen können Sie Zeichenfolgen mit installierten Artikulationen erstellen. Dies verbessert die Zeichenfolgenverknüpfung und -addition. Sie verwenden Backticks (), um Layout-Literale zu charakterisieren, und Platzhalter werden in ${}' eingeschlossen.

Javascript
Doppelter Code
const name = „John";
const begrüßen = 'Hallo, ${name}! `;
4. Destrukturierungsaufgabe :
Durch die Destrukturierung können Sie Werte aus Exponaten oder Gegenständen herauslösen und sie Faktoren zuordnen. Dadurch kann der Code prägnanter und entschlüsselbarer werden.

Javascript

Doppelter Code
```
const [x, y] = [1, 2];// x = 1, y = 2
```

5. Unterricht:

ES6 präsentierte Klassengrammatik zur Herstellung von Elementen und zur Charakterisierung von Konstruktoren, Techniken und Eigenschaften. Es handelt sich um eine besser organisierte Methode zum Arbeiten mit Elementen und Modellen.

Javascript
Doppelter Code
```
Klasse Einzelperson {
  Konstruktor( Name) {
this.name = Name;
}
  willkommen( ) {
    return 'Hallo, mein Name ist ${this.name}';
}
```

```
}
```

6. Module:

ES6 stellte ein Modul-Framework vor, mit dem Sie Funktionen, Klassen und Faktoren importieren und produzieren können. Dadurch wird die gemessene Qualität Ihres Codes verbessert.

```javascript
Javascript
Doppelter Code
// Aussenden _
sende const add = (a , b) => a + b;


// Einbringen
import { add } from './math';
```

Dies sind nur einige der entscheidenden Highlights von ES6. Es enthielt zahlreiche verschiedene Verbesserungen an JavaScript und machte es zu einer kräftigeren und ausdrucksstärkeren Sprache. ES6 hat sich zum Standard für die aktuelle JavaScript-Entwicklung entwickelt und wird häufig sowohl bei der Frontend- als auch bei der Backend-Entwicklung eingesetzt.

Erstellen einer spezifischen Webanwendung mit JavaScript

Im beständigen Alter ist die Fähigkeit, Webanwendungen zu erstellen, ein wichtiges Ziel. Ganz gleich, ob Sie ein Autor oder ein Verleger sind, der Ihre Webpräsenz wiederbeleben möchte, oder ob Sie einfach nur unsicher sind, der Aufbau einer wichtigen Seite kann eine großartige Gelegenheit sein. Dieser Leitfaden führt Sie durch die wesentlichen Schritte zur Erstellung einer unumstößlichen Webanwendung mit JavaScript.

1. Einrichten Ihres ununterbrochenen Szenarios:

Bevor wir uns mit dem Code befassen, stellen Sie sicher, dass auf Ihrem PC ein Substanzmanager wie Visual Studio Code oder Grandiose Message installiert ist. Diese Editoren bieten einen besonders übersichtlichen Einblick in die Erstellung und Verwaltung Ihres Codes.

2. HTML-Verbesserung:

Jede Site-Seite beginnt mit HTML. Beginnen Sie mit der Erstellung eines HTML-Datensatzes und stellen Sie darin mithilfe von HTML-Namen das eigentliche Design Ihrer Website dar. Hier ist eine wesentliche Vereinbarung:

html

Code kopieren

```
<! DOCTYPE html>
<html> _ _
<Kopf> _ _
 <!-- Ihre Substanz wird hierher kommen - - >
</body>
</html>
```

3. JavaScript hinzufügen:

Um Daten zu Ihrer Seite hinzuzufügen, benötigen Sie JavaScript. Erstellen Sie einen weiteren zufriedenen Namen im <head>-Bereich des HTML-Datensatzes und fügen Sie Ihren JavaScript-Code hinzu:

html

Code kopieren

```
<Skript> _ _
// Ihr JavaScript-Code wird hier angezeigt
```

```
</script>
```

4. Aufbau: Erhalten Sie es:

Wir sollten eine zentrale Sinndarstellung hinzufügen. Gehen Sie davon aus, dass Sie wirklich eine Schaltfläche erstellen müssen, die beim Klicken den Text ändert. Sie können dies tun, indem Sie einen HTML-Teil auswählen und dessen Inhalt ändern. Hier ist ein Modell:

html
Code kopieren

```
<Skript> _ _
  Grenze changeText () {
    document.getElementById (
„content"). innerHTML = "Text wurde geändert!";
}
</script>
```

Zusätzlich im HTML-Body:

html
Code kopieren

5. Testen Sie Ihre Webanwendung:

Öffnen Sie Ihren HTML-Datensatz in einem Webprogramm, um Ihre Webanwendung anzuzeigen und alles zu berücksichtigen. Wenn Sie auf die Schaltfläche tippen, sollte sich der Text so ändern, wie er in Ihrem JavaScript-Limit angezeigt wird.

Dies ist nur ein kleiner Teil von etwas Grundlegenderem zum Thema Web-Verbesserung. Auf diese Weise können Sie auch eine Verbindung zu Ihrer Webanwendung herstellen, indem

Sie sich eingehender mit HTML, CSS für das Design und einer weiteren JavaScript-Strategie befassen. Das Internet ist eine riesige Ressource für aufschlussreiche Aktivitäten und Dokumentationen.

- „Clean Code: A Handbook of Nimble Programming Craftsmanship" von Robert C. Martin: Dieses Buch unterstreicht die Erstellung makellosen, brauchbaren Codes, eine wichtige Fähigkeit für Designer.

- „JavaScript: The Great Parts" von Douglas Crockford : Wenn Sie sich für Web-Entwicklung interessieren, konzentriert sich dieses Buch auf die gängigen Verfahren und wichtigen Teile von JavaScript.

- „Konfigurationsbeispiele: Komponenten der wiederverwendbaren Artikelprogrammierung" von

Erich Gamma, Richard Steerage, Ralph Johnson und John Vlissides : Dieses beispielhafte Buch befasst sich mit Konfigurationsdesigns, die für die Weiterentwicklung der Programmierung von grundlegender Bedeutung sind.

- Websites:

- Stack Flood: Ein wichtiges Hilfsmittel für Ingenieure, um dringende Probleme zu klären und Antworten auf normale und komplexe Probleme zu finden.

- GitHub : Eine Bühne zur Erleichterung und

Zusammenarbeit am Code. Es ist ein außergewöhnlicher Ort, um Open-Source-Projekte aufzuspüren, Beiträge zu leisten und mit verschiedenen Designern zusammenzuarbeiten.

- MDN-Webdokumente: Die Mozilla Engineer Organization bietet eine umfassende Dokumentation zu Web-Fortschritten, die besonders hilfreich für Webdesigner ist.

- Online Kurse:

- Coursera : Bietet Kurse zu verschiedenen Programmierdialekten, Webverbesserung und

Software-Engineering-Themen an.

- edX : Bietet Kurse von Hochschulen und Einrichtungen zu vielen Spezialthemen an.

- Udemy : Hebt eine enorme Auswahl an Seminaren zu den Themen Programmierung, Webverbesserung und Programmierung hervor.

Fazit :

Fassen Sie die wichtigsten Aktionspunkte zusammen.
Fordern Sie Amateure auf, weiterhin JavaScript zu proben und zu untersuchen

Positiv: Wie wäre es, wenn wir unser Gespräch über JavaScript abschließen und Amateure dazu auffordern, ihre Fähigkeiten in dieser flexiblen Sprache weiter zu verbessern?

JavaScript ist eine zentrale Programmiersprache, die häufig zur Webverbesserung eingesetzt wird. Im Laufe unserer Diskussion haben wir die wichtigsten Perspektiven untersucht, darunter Informationstypen, Funktionen und das Report Item Model (DOM).

Anfänger sollten sich bei ihrem Einstieg in die Welt des Programmierens mit JavaScript einige wichtige Punkte merken:

Vielseitigkeit: JavaScript dient nicht nur der Webverbesserung. Sie können es für die serverseitige Vorbereitung (Node.js), die Verbesserung tragbarer Anwendungen und überraschenderweise im Web der Dinge (IoT) einsetzen.

Beginnen Sie einfach: Wenn Sie gerade erst anfangen, konzentrieren Sie sich auf die Schrauben und Muttern. Verstehen Sie Faktoren, Informationstypen und wie Sie Fähigkeiten zusammenstellen. Dies sind die Strukturblöcke von JavaScript.

DOM-Autorität: Herauszufinden, wie man das DOM kontrolliert, ist für die Weiterentwicklung des Webs von entscheidender Bedeutung. Auf diese Weise erstellen Sie intuitive und dynamische Seiten.

durch Training besser . Code konsistent verfassen und Fehler begehen – das ist die Art und Weise, wie man lernt.

Vue und Bibliotheken wie jQuery zu untersuchen . Sie können Ihre Verbesserungsaufgaben effektiver gestalten.

Bleiben Sie auf dem Laufenden: Das Universum der Web-Verbesserung entwickelt sich ständig weiter. Bleiben Sie über die neuesten JavaScript-Highlights und Best

Practices auf dem Laufenden, um in diesem Bereich relevant zu bleiben.